AF550626

INNEKE POHLMANN

FRUCTOSEINTOLERANZ

— KOCHBUCH —

Alle Ratschläge in diesem Buch wurden vom Autor und vom Verlag sorgfältig erwogen und geprüft. Eine Garantie kann dennoch nicht übernommen werden. Eine Haftung des Autors beziehungsweise des Verlags für jegliche Personen-, Sach- und Vermögensschäden ist daher ausgeschlossen.

Copyright © 2024
Email: info@edition-lunerion.de
www.edition-lunerion.de

Alle Rechte, insbesondere das Recht der Vervielfältigung und Verbreitung der Übersetzung, vorbehalten. Kein Teil des Werkes darf in irgendeiner Form (durch Fotokopie, Mikrofilm oder ein anderes Verfahren) ohne schriftliche Genehmigung des Verlages reproduziert oder unter Verwendung elektronischer Systeme gespeichert, verarbeitet, vervielfältigt oder verbreitet werden.

Psiana eCom UG
Berumer Str. 44
26844 Jemgum

Vorwort

Nach dem knackigen Apfel rumort es unangenehm im Bauch? Der eigentlich gesunde Bio-Fruchtjoghurt führt zu Verdauungsbeschwerden? Und vielleicht treten diese Beschwerden erst seit einiger Zeit auf? Dann könnte es an der Fructose liegen und mit diesem Kochbuch bekommen Sie Ihre Beschwerden genussvoll in den Griff!

Wird Fruchtzucker nicht gut vertragen, sind Probleme wie Durchfall, Blähungen, Übelkeit oder Bauchschmerzen die Folge von fructosereichem Genuss. Ob gesunder Apfel oder ungesunde Süßwaren, ob Paprika, Fruchtjoghurt, Limonade oder Likör – nach dem Verzehr stellen sich Beschwerden ein, doch es gibt zwei gute Nachrichten: Denn durch strikten Verzicht sind die meisten Fälle der Fructoseintoleranz heilbar und die seltenen Dauerpatienten können mit passenden Rezepten trotzdem bedenkenlos und vielfältig schlemmen. Deshalb präsentiert dieses Buch Ihnen eine Riesenauswahl an Köstlichkeiten mit minimalem Fructosegehalt, die sowohl für die Auslassdiät als auch zur dauerhaften Ernährung geeignet sind. Von feinen Kleinigkeiten über herzhafte Hauptgerichte bis hin zu Desserts, Drinks und Snacks entdecken Sie hier schmackhafte Vielfalt, die Vegetarier, Fleischfreunde und Fischliebhaber gleichermaßen begeistert.

Guten Appetit!

INHALT

Wissenswertes

WAS IST EINE FRUCTOSEINTOLERANZ?

Patienten, die die Diagnose Fructoseintoleranz erhalten haben, sollten ihre Ernährung in Zukunft entsprechend anpassen, um die Beschwerden so gering wie möglich zu halten. Um das tun zu können, sollten Sie wissen, was in Ihrem Körper passiert und was genau die Erkrankung ausmacht. Klären wir also zunächst den Begriff Fructose: Fructose ist Fruchtzucker und gehört zu der Gruppe der Kohlenhydrate und Einfachzuckern. Sie besteht aus vielen einzelnen Molekülen und ist damit eine natürlich aufkommende chemische Verbindung. Diese Moleküle werden nach der Aufnahme im menschlichen Körper Schritt für Schritt zersetzt. Die ersten werden bereits über den Speichel voneinander getrennt. Der Großteil dieser Molekülketten wird im Dünndarm zersetzt. Geringfügige Reste kann der Dickdarm im Einzelfall übernehmen, vorgesehen ist dieser Prozess jedoch nicht. Im Normalfall sollten sich die Moleküle der Fructose im Dünndarm vollständig voneinander getrennt haben.

Mediziner sprechen bei einer Fructoseintoleranz von einer Form der Kohlenhydratverwertungsstörung. Sie gilt also nicht als Allergie, sondern als Unverträglichkeit. Diese werden in zwei Formen unterteilt. Die angeborene und die spontan auftretende Form.

Die angeborene (hereditäre) Fructoseintoleranz kommt äußerst selten vor. Hierbei handelt es sich um einen Defekt der Fructose-1-phosphat-Aldolase. Dieses Enzym ist dafür verantwortlich, dass die Leber die Fructose vollständig verwertet. Bei dieser Form der Erkrankung kann der Körper die Fructose also nicht abbauen und der Zucker bleibt in Leber und Nieren zurück. Dieser Zustand kann für die betroffenen Patienten bis hin zu einer lebensbedrohlichen Unterzuckerung führen.

Die zweite Form, bei der die Fructoseintoleranz spontan entsteht, wird auch Fructosemalabsorption genannt. Sie spielt sich hauptsächlich im Dünndarm ab. Denn Fructose wird nicht nur über die Leber und Nieren verstoffwechselt. Ein großer Teil wird über die Dünndarmwände und einem im Dünndarm enthaltenen Protein namens GLUT-5 abgebaut. Bei einer Fructoseintoleranz nimmt dieser Teil des Darms zu wenig Fructose auf. Die Aufnahmefunktion ist an dieser Stelle also deutlich eingeschränkt. Dementsprechend gelangt mehr Fructose in den Dickdarm. Dort führt sie dann zu Beschwerden, da dieser Teil des Darms nicht darauf ausgelegt ist, große noch bestehende Teile der Fructose zu verarbeiten.

SYMPTOME, DIAGNOSE UND GRÜNDE FÜR EINE FRUCTOSEINTOLERANZ

Eine Fructoseintoleranz kann sich bei jedem Betroffenen anders zeigen. Zu den häufigsten Symptomen gehören Blähungen, Bauchschmerzen, Durchfall und Übelkeit. Diese unangenehmen Beschwerden treten wenige Minuten bis hin zu drei Stunden nach dem Verzehr von Fructose auf. Weitere Symptome können starke Magen- und Darmgeräusche und übel riechender Stuhl sein. Infolge der bisher genannten Beschwerden leiden Betroffene häufig auch unter nachlassendem Appetit.

Sollten Sie die Diagnose Fructoseintoleranz bisher noch nicht erhalten haben, vermuten diese aber, ist es sinnvoll, ein Ernährungs- und Symptomtagebuch zu führen. Notieren Sie sich zwei bis drei Wochen lang, was genau Sie zu sich genommen haben und wann die Beschwerden aufgetreten sind. Ein solches Tagebuch wird Ihrem Arzt dabei helfen können, eine Diagnose zu stellen. Sollte dieser eine Fructoseintoleranz vermuten, wird er einen Wasserstoff-Atem-Test mit Ihnen durchführen. Dabei nehmen Patienten eine hoch konzentrierte Fruchtzucker-Mischung zu sich. Im Verlauf von zwei Stunden wird dann mehrmals der Atem der Patienten untersucht. Über eine Maske wird der Wasserstoffgehalt im Atem gemessen. Dieser gibt Aufschluss darüber, wie viel Fructose der Körper bereits abgebaut hat. Ist dieser nach den zwei Stunden noch zu hoch, ist die Diagnose Fructoseintoleranz sicher.

Nach einer gestellten Diagnose stellen sich die Patienten vermutlich die Frage nach dem Warum? Für eine spontan auftretende Fructoseintoleranz gibt es zahlreiche Gründe. Zum einen ist es möglich, dass die Darmflora durch einen Infekt, die Einnahme eines Medikaments oder grundlegend schlechter Ernährung gestört ist. Dadurch könnte diese eine Schwachstelle entwickeln und in einer wie im Vorfeld beschriebenen GLUT-5-Fehlfunktion enden. Doch auch Stress, die Aufnahme von Giften oder negative Umweltfaktoren können die Entstehung einer Fructoseintoleranz begünstigen.

IST EINE FRUCTOSEINTOLERANZ HEILBAR?

Die Frage nach der Behandlung bzw. Heilung einer Fructoseintoleranz ist einfach zu beantworten. Im Gegensatz zu anderen Unverträglichkeiten ist diese nämlich heilbar. Vorausgesetzt, es handelt sich um eine spontan aufgetretene Fructoseintoleranz und nicht um die erblich bedingte Form.

Die Behandlung erfolgt ohne Einnahme von Medikamenten. Sie sieht eine Auslassdiät vor. Sie sollten also für einen gewissen Zeitraum voll und ganz auf Fructose verzichten oder dessen Konsum drastisch herunterfahren. Nach einer radikalen Vermeidung von mindestens sechs Wochen kann eine Testphase beginnen, in der Sie fructosehaltige Lebensmittel vorsichtig wieder in Ihren Ernährungsplan integrieren.

Nach etwa zehn bis zwölf Wochen sollten Sie wieder Fructose zu sich nehmen, damit Ihre Ernährung nicht zu einseitig ist. Dennoch gilt es, auf gesunde Kombinationen zu achten. Eine Mischung aus Proteinen und Fructose gilt beispielsweise als bekömmlich und ausgewogen. Des Weiteren sollten Sie darauf achten, nicht mehr Fructose als Glukose zu sich zu nehmen. Mediziner und Ernährungsberater gehen nämlich davon aus, dass eine gewisse Menge an Fructose mit der Glukose neutralisiert werden kann. Aus diesem Grund sollten Sie in Zukunft auf eine gesunde Mischung zwischen Obst und Gemüse achten.

WELCHE LEBENSMITTEL SIND ERLAUBT?

Getreide:

• Brot und Backwaren (frei von Sorbit)

• Haferprodukte, Buchweizen, Hirse, Reis, Kartoffeln

Obst und Gemüse:

• Brombeeren, Erdbeeren, Himbeeren, Honigmelone, Mandarinen, Clementinen, Zitronen, Papaya, Zwetschgen

• Ein Großteil der Gemüsesorten wird in der Regel gut vertragen, Zwiebeln und Knoblauch sollten nur in Maßen genommen werden.

Eier und Milchprodukte:

• Eier, Milch, Buttermilch, alle Milchprodukte ohne Fructose oder Sorbit, Kefir, Eis ohne Fructose oder Sorbit

Snacks:

• Selbst gemachte Kekse, Kuchen, Kompott oder Desserts mit wenig Zucker

Fisch:

• Alle Fischarten und Meeresfrüchte

Getränke:

• Wasser (mindestens 2 Liter täglich), Kaffee, Tee, Milch, selbst hergestellte Schorlen

Außerdem:

• Glukose, Milchzucker, Reissirup, pflanzliche Fette und Öle, Honig (ausschließlich Waldhonig, andere Honigsorten haben einen zu hohen Fructosegehalt)

WELCHE LEBENSMITTEL SOLLTEN SIE MEIDEN?

Getreide:

• Sorbithaltige Getreideprodukte, Fertigmüsli mit Trockenfrüchten

Obst und Gemüse:

• Trockenobst, Äpfel, Pfirsiche, Pflaumen, Kirschen, Birnen, Blumenkohl, Zuckermais, Zuckererbsen, Pilze, Trauben

• Paprika, Auberginen, Rotkohl, Weißkohl

• Eier und Milchprodukte:

• Milchprodukte mit Früchten (z. B. Fruchtjoghurt), fructose- oder sorbithaltige Produkte

Snacks:

• Fertiggebäck, Fertigkuchen, Chips, Flips

• Süßwaren jeglicher Art enthalten in der Regel einen hohen Anteil an Fructose und Sorbit.

Getränke:

• Getreidekaffee, Brause, Säfte aus nicht geeignetem Obst oder Gemüse, Likör, alkoholische Getränke (einige Weine sind verträglich), fertige Limonade

Außerdem:

• Haushaltszucker sollten Sie nur in Maßen verwenden (dieser besteht in der Regel aus einem Verhältnis von 1 : 1 Fructose-Glukose), Mayonnaise

Hinweis: Wie bereits beschrieben, sollten Sie diese Liste nicht unbedingt als einzige Lösung betrachten, Ihren künftigen Ernährungsplan zu gestalten. Sie sollten selbst herausfinden oder vielleicht schon wissen, welche Lebensmittel Sie vertragen und welche nicht. Besonders im Bereich Obst und Gemüse kann die Verträglichkeit unter den betroffenen Patienten stark variieren. Das hängt zum einen mit dem Reifezustand und zum anderen mit der Sorte des jeweiligen Obst- oder Gemüsestücks zusammen. Einige Patienten berichten beispielsweise darüber, dass sie grüne Paprika vertragen, rote jedoch nicht. Ähnlich verhält es sich mit den verschiedenen Beeren-, Apfel- und Birnensorten. Hier sollten Sie in der Testphase also vorsichtig ausprobieren, welches Obst und Gemüse Ihnen bekommt und welches nicht.

EINKAUFSLISTE

- Brot, Brötchen, Backwaren ohne Sorbit, Dinkelmehl
- Vollkornnudeln, Dinkelnudeln
- Müsli ohne Früchte oder Schokolade
- Brombeeren, Erdbeeren, Himbeeren, Honigmelone, Mandarinen, Clementinen, Papaya, Zwetschgen
- Gemüse je nach Wahl und Verträglichkeit, Blattspinat, Eisbergsalat, Feldsalat
- Eier, Milch, Buttermilch, Kefir
- Fisch und Meeresfrüchte nach Wahl, Garnelen
- Kaffee, Tee
- Milchzucker, Traubenzucker (Glukose), Erythrit (Zuckerersatz)
- Reissirup, Dinkelsirup
- Pflanzliche Öle
- Margarine, Butter
- Waldhonig (Waldhonig hat einen verhältnismäßig geringen Fructosegehalt, alternativ kann Honigersatz genutzt werden.)

Frühstück

MELONENJOGHURT

2 Port.

20 Min.

Leicht

Zutaten

1 Zweig Basilikum
½ Honigmelone
200 g Joghurt, griechisch
100 g Doppelrahm-Frischkäse
15 g Traubenzucker (Glukose)
1 EL Waldhonig

Nährwerte p. P.

430 kcal
37 g Kohlenhydrate
26 g Fett
10 g Eiweiß

1 Waschen Sie die Basilikumblätter gründlich ab und legen Sie diese zum späteren Garnieren an die Seite.

2 Schneiden Sie das Fruchtfleisch der Honigmelone in kleine Würfel.

3 Vermengen Sie Melonenstücke, Joghurt, Frischkäse, Traubenzucker und Honig miteinander.

4 Verteilen Sie den Joghurt auf 2 Schüsseln und garnieren Sie ihn mit den Basilikumblättern.

Tipp: Dieses Rezept kann je nach Belieben mit anderen Obstsorten zubereitet werden.

CEREALS MIT HIRSE

10 Port.

30 Min.

Leicht

Zutaten

40 g Kokosöl
60 g Waldhonig
80 g Hirsepopps, ungezuckert
20 g Backkakao
1 Prise Salz

Nährwerte p. P.

412 kcal
10 g Kohlenhydrate
40 g Fett
1 g Eiweiß

1 Vermengen Sie Kokosöl und Honig in einem kleinen Topf und erwärmen Sie die Mischung unter ständigem Rühren für 2 Minuten.

2 Heizen Sie den Backofen auf 170 Grad Umluft vor.

3 Vermengen Sie Hirsepopps, Backkakao und Salz miteinander.

4 Geben Sie die Honigmischung über die festen Zutaten und rühren Sie sie gründlich unter.

5 Geben Sie die Mischung auf ein mit Backpapier belegtes Backblech.

6 Backen Sie die Masse für 15 bis 20 Minuten im Backofen.

7 Lassen Sie sie anschließend auf dem Blech auskühlen.

8 Brechen Sie sie jetzt in kleine Stücke.

9 Bewahren Sie sie in einem trockenen Schraubglas auf.

CRUNCHY-MÜSLI

500 g | 30 Min. | Leicht

Zutaten

200 g Haferflocken, fein
100 g Sonnenblumenkerne
50 g Leinsamen, ganz oder geschrotet
50 g Mandeln, grob gehackt
50 g Kokosraspeln
1 EL Zimt
100 g Waldhonig
2 EL Kokosöl
1 Prise Salz

Nährwerte p. P.

360 kcal
35 g Kohlenhydrate
17 g Fett
12 g Eiweiß

1 Vermengen Sie zunächst alle trockenen Zutaten miteinander.

2 Erwärmen Sie Honig und Kokosöl gemeinsam für 2 Minuten in einem Topf. Rühren Sie die Mischung dabei regelmäßig um.

3 Geben Sie die Mischung mit den trockenen Zutaten hinzu und rühren Sie alles zu einer homogenen Masse an.

4 Geben Sie die Masse jetzt auf ein mit Backpapier belegtes Backblech.

5 Backen Sie sie für 20 Minuten im vorgeheizten Backofen.

6 Lassen Sie das Müsli nach dem Backen vollständig abkühlen und zerbröseln Sie es anschließend vorsichtig mit den Fingern auf die gewünschte Größe.

7 Bewahren Sie das Müsli luftdicht auf.

Tipp: Das Müsli kann nach Belieben mit anderen Zutaten zubereitet werden.

POLENTASCHNITTEN MIT NÜSSEN

4 Port. | 40 Min. + 1 Std. Ruhezeit | Leicht

Zutaten

120 g Polenta/Maisgrieß (Alternativ: Weizen-, Dinkel- oder Reisgrieß)
250 ml Milch
250 ml Wasser
1 TL Salz
1 Zimt (optional)

Zutaten für die Fertigstellung:
50 g Waldhonig
30 g Butter
50 g Pekannüsse, grob gehackt

Nährwerte p. P.

295 kcal
25 g Kohlenhydrate
17 g Fett
7 g Eiweiß

1 Vermengen Sie zunächst Grieß, Milch, Wasser, Salz und Zimt in einem großen Topf. Kochen Sie die Polentamischung kurz kräftig auf und lassen Sie sie anschließend für 5 Minuten bei geringer Wärmezufuhr köcheln.

2 Legen Sie eine Kastenform mit Frischhaltefolie oder Backpapier aus.

3 Geben Sie die Grießmischung in die Form und stellen Sie sie für mindestens 1 Stunde in den Kühlschrank.

4 Heizen Sie den Backofen auf 190 Grad Oberhitze vor. Schneiden Sie die fertige Polenta in Scheiben und legen Sie sie auf ein mit Backpapier belegtes Backblech.

5 Backen Sie die Polentascheiben für 15 Minuten im Backofen. Vermengen Sie in der Zwischenzeit Waldhonig, Butter und Pekannüsse in einem kleinen Topf.

6 Erwärmen Sie die Mischung für 5 Minuten bei geringer Wärmezufuhr.

7 Nehmen Sie die Polentaschnitten aus dem Ofen und garnieren Sie sie mit der Nussmischung.

8 Servieren Sie sie lauwarm.

Tipp: Damit es morgens schneller geht, können Sie die Schritte 1 bis 5 bereits am Vorabend erledigen.

PORRIDGE

2 Port.

30 Min.

Leicht

Zutaten

5 EL Haferflocken, fein
400 ml Milch
100 ml Wasser
½ TL Salz

Nährwerte p. P.

207 kcal
21 g Kohlenhydrate
9 g Fett
9 g Eiweiß

1 Bringen Sie Milch und Wasser gemeinsam in einem Topf zum Kochen.

2 Rühren Sie die Haferflocken unter und köcheln Sie das Porridge für 15 Minuten bei geringer Wärmezufuhr.

3 Halten Sie den Topf dabei geschlossen. Rühren Sie das Porridge regelmäßig um.

4 Fügen Sie das Salz hinzu und lassen Sie alles für weitere 10 Minuten köcheln.

Tipp: Dieses Basis-Porridge kann je nach Verträglichkeit und Geschmack mit Obst und Gemüse serviert werden.

KAFFEE-MÜSLI MIT BANANE

1 Port.

15 Min.

Leicht

Zutaten

1 Banane
1 EL Haferflocken
1 Kaffee-Joghurt, sorbitfrei
1 EL Milch

Nährwerte p. P.

492 kcal
45 g Kohlenhydrate
1 g Fett
2 g Eiweiß

1 Schälen Sie die Banane und schneiden Sie sie in dünne Scheiben.

2 Vermengen Sie Haferflocken, Joghurt und Milch in einer Schüssel.

3 Garnieren Sie den Joghurt mit den Bananenscheiben.

Tipp: Wer keinen Kaffeegeschmack mag, kann alternativ einen Naturjoghurt oder Quark verwenden.

Salate

MÖHRENSALAT

4 Port. | 10 Min. + 1 Std. Ruhezeit | Leicht

Zutaten

500 g Möhren
2 EL Zitronensaft
2 EL Traubenzucker (Glukose)
30 g Kokosraspeln
2 EL Rapsöl

Nach Belieben:
Salz, Zimt, Kreuzkümmel

Zum Garnieren:
Einige Minzblätter

Nährwerte p. P.

147 kcal
12 g Kohlenhydrate
10 g Fett
2 g Eiweiß

1 Schälen Sie die Möhren und raspeln Sie sie.

2 Vermengen Sie Möhren, Zitronensaft, Traubenzucker, Kokosraspeln und Öl miteinander.

3 Schmecken Sie den Salat nach Belieben mit Salz, Zimt und Kreuzkümmel ab.

4 Lassen Sie ihn für 1 Stunde im Kühlschrank ziehen.

5 Garnieren Sie den Möhrensalat vor dem Servieren mit einigen Minzblättern.

SALAT MIT SPARGEL

4 Port.

60 Min.

Leicht

Zutaten

Zutaten für den Salat:
500 g Spargel
150 g Feldsalat
2 Stangen Rhabarber
2 EL Butter

Zutaten für das Dressing:
2 TL Senf
Saft von 2 Zitronen
2 EL Wasser
2 EL Olivenöl
1 Prise Salz
1 Prise Pfeffer

Nährwerte p. P.

131 kcal
6 g Kohlenhydrate
9 g Fett
5 g Eiweiß

1 Schneiden Sie das holzige Ende der Spargelstangen ab und schälen Sie diese sorgfältig. Schneiden Sie die Stangen in ca. 3 cm lange Stücke.

2 Bringen Sie ausreichend Wasser in einem Topf zum Kochen.

3 Garen Sie die Spargelstücke darin bei mittlerer Wärmezufuhr für 10 Minuten.

4 Waschen Sie in der Zwischenzeit den Salat.

5 Schälen Sie den Rhabarber und schneiden Sie die Stangen in 1 cm breite Stücke.

6 Erhitzen Sie die Butter in einer Pfanne.

7 Dünsten Sie die Rhabarberstücke darin 5 Minuten lang bei geringer Wärmezufuhr an.

8 Gießen Sie den fertigen Spargel über einem Sieb ab.

9 Vermengen Sie alle angegebenen Zutaten für das Dressing miteinander.

10 Richten Sie Salat, Rhabarber und Spargel auf einem Teller an und reichen Sie dazu das Dressing.

Tipp: Dazu schmeckt ein Baguette oder ein Fladenbrot.

QUINOASALAT

4 Port.

25 Min.

Leicht

Zutaten

Für den Salat:
100 g Quinoa
500 ml Wasser
1 TL Salz
1 Handvoll Spinat
1 Bund Frühlingszwiebeln
½ Gurke
2 Tomaten
3 Zweige Minze

Für das Dressing:
Saft einer ½ Limette
3 EL Olivenöl
½ TL Paprikapulver
1 Prise Pfeffer

Nährwerte p. P.

174 kcal
28 g Kohlenhydrate
3 g Fett
3 g Eiweiß

1 Bringen Sie Quinoa, Wasser und Salz in einem Topf sprudelnd zum Kochen.

2 Reduzieren Sie die Wärmezufuhr anschließend auf ein Minimum und lassen Sie die Quinoa 20 Minuten köcheln.

3 Waschen Sie in der Zwischenzeit das Gemüse.

4 Schneiden Sie die Frühlingszwiebeln in Ringe, die Gurken und Tomaten in kleine Würfel.

5 Hacken Sie die Minzblätter fein.

6 Vermengen Sie alle angegebenen Zutaten für das Dressing miteinander.

7 Lassen Sie die fertige Quinoa etwas abkühlen und heben Sie im Anschluss alle Zutaten unter.

8 Servieren Sie den Salat lauwarm oder bewahren Sie ihn bis zum Servieren im Kühlschrank auf.

GRIECHISCHER SALAT

3 Port.

10 Min.

Leicht

Zutaten

1 Gurke
1 große Fleischtomate
1 Glas Oliven (200 ml), ohne Kerne
200 g Feta
1 TL Oregano, getrocknet
2 EL Olivenöl
1 EL Essig

Nach Belieben:
Salz und Pfeffer

Nährwerte p. P.

175 kcal
2 g Kohlenhydrate
13 g Fett
11 g Eiweiß

1 Waschen Sie Gurke und Tomate gründlich ab.

2 Schneiden Sie das Gemüse und die Oliven in mundgerechte Stücke und geben Sie es in eine große Schüssel.

3 Zerbröseln Sie den Feta darüber.

4 Geben Sie Oregano, Olivenöl, Essig und nach Belieben Salz und Pfeffer dazu.

5 Vermengen Sie den Salat und richten Sie ihn frisch an.

GURKENSALAT

4 Port.

10 Min.

Leicht

Zutaten

1 Gurke
1 Eisbergsalat
½ Glas Oliven, ohne Kerne
2 EL Pinienkerne
1 Prise Salz

Nach Belieben:
Essig und Olivenöl

Nährwerte p. P.

92 kcal
4 g Kohlenhydrate
5 g Fett
5 g Eiweiß

1 Waschen Sie die Gurke und schneiden Sie sie in kleine Würfel.

2 Zerkleinern Sie den Salat, waschen Sie ihn gründlich und lassen Sie ihn abtropfen.

3 Vermengen Sie ihn gemeinsam mit Gurke, Oliven, Pinienkernen und Salz in einer großen Schüssel.

4 Schmecken Sie ihn nach Belieben mit Olivenöl und ein wenig Essig ab.

SOMMERSALAT

2 Port.

10 Min.

Leicht

Zutaten

Für das Dressing:
3 EL Apfelessig
2 EL Olivenöl
1 EL Sojasoße
6 EL Wasser
1 TL Waldhonig

Für den Salat:
1 Eisbergsalat
4 Radieschen
1 Blatt Salbei
2 Blätter Liebstöckel
1 Stängel Koriander
3 Blätter Basilikum

Nährwerte p. P.

98 kcal
8 g Kohlenhydrate
2 g Fett
1 g Eiweiß

1 Bereiten Sie zunächst das Dressing zu. Vermengen Sie dafür alle angegebenen Zutaten miteinander.

2 Zerkleinern Sie den Salat und waschen Sie ihn gründlich ab.

3 Waschen Sie die Radieschen und schneiden Sie diese in dünne Scheiben.

4 Waschen Sie die übrigen Zutaten und hacken Sie sie fein.

5 Vermengen Sie alles in einer großen Schüssel miteinander und geben Sie zum Abschluss das Dressing über den Salat.

Suppen

BROKKOLISUPPE

4 Port.

25 Min.

Leicht

Zutaten

400 g Brokkoliröschen
30 g Butter
200 ml Sahne
1 Liter Wasser
1 TL Gemüsebrühe
1 Bund Petersilie
1 Prise Pfeffer
1 Prise Salz

Nährwerte p. P.

159 kcal
20 g Kohlenhydrate
12 g Fett
2 g Eiweiß

1 Waschen Sie frischen Brokkoli und teilen Sie die Röschen ab oder lassen Sie tiefgekühlten Brokkoli antauen.

2 Erhitzen Sie die Butter in einem großen Topf.

3 Dünsten Sie den Brokkoli darin für 2 Minuten kräftig an.

4 Löschen Sie ihn mit Sahne, Wasser und Gemüsebrühe ab.

5 Köcheln Sie ihn darin für etwa 15 Minuten.

6 Pürieren Sie die Suppe mit einem Stabmixer.

7 Waschen und hacken Sie die Petersilie fein.

8 Schmecken Sie die Suppe mit Petersilie, Salz und Pfeffer ab.

ZITRONENSUPPE

2 Port.

20 Min.

Leicht

Zutaten

700 ml Gemüsebrühe
125 g Reis
2 Zitronen
3 Eier
1 Bund Petersilie

Nach Belieben:
Salz und Pfeffer

Nährwerte p. P.

432 kcal
26 g Kohlenhydrate
9 g Fett
3 g Eiweiß

1 Bringen Sie die Gemüsebrühe zum Kochen.

2 Fügen Sie den Reis hinzu und garen Sie ihn darin für 15 Minuten.

3 Pressen Sie in dieser Zeit die Zitronen aus.

4 Schlagen Sie die Eier kurz mit einem Handrührgerät auf und vermengen Sie sie anschließend mit dem Zitronensaft.

5 Heben Sie den Saft unter die Reissuppe.

6 Schmecken Sie die Zitronensuppe nach Belieben mit Salz und Pfeffer ab.

7 Hacken Sie die Petersilie fein und garnieren Sie damit die fertige Suppe.

AVOCADOSUPPE

2 Port.

15 Min.

Leicht

Zutaten

350 ml Hühner- oder Gemüsebrühe
1 Avocado
2 EL Limettensaft
50 g Sahne
2 TL Schnittlauchröllchen

Nach Belieben:
Salz und Pfeffer

Nährwerte p. P.

250 kcal
5 g Kohlenhydrate
24 g Fett
5 g Eiweiß

1 Bringen Sie die Brühe zum Kochen.

2 Halbieren und entkernen Sie die Avocado.

3 Pürieren Sie das Fruchtfleisch der Avocado zusammen mit Limettensaft und Sahne in einem Standmixer.

4 Rühren Sie das Püree in die kochende Brühe.

5 Schalten Sie den Herd aus.

6 Runden Sie die Suppe mit der Sahne und dem Schnittlauch ab.

7 Schmecken Sie sie zum Abschluss mit Salz und Pfeffer ab und lassen Sie die Suppe im geschlossenen Topf einige Minuten lang ziehen.

KÜRBISSUPPE

2 Port.

35 Min.

Leicht

Zutaten

500 ml Gemüsebrühe
200 ml Kokosmilch
550 g Hokkaidokürbis (entkernt)
1 Prise Pfeffer
1 Prise Salz
½ Bund Petersilie
1 EL Öl

Nährwerte p. P.

453 kcal
44 g Kohlenhydrate
25 g Fett
7 g Eiweiß

1 Bringen Sie die Brühe gemeinsam mit der Kokosmilch zum Kochen.

2 Schneiden Sie den Kürbis in kleine Stücke.

3 Garen Sie die Kürbisstücke für 10 Minuten in der Brühemischung.

4 Nehmen Sie den Topf vom Herd und pürieren Sie die Suppe mit einem Stabmixer.

5 Schmecken Sie sie zum Abschluss mit Pfeffer, Salz und Petersilie ab.

6 Rühren Sie kurz vor dem Servieren das Öl unter.

Tipp: Dazu schmeckt ein Steinofenbaguette oder ein dunkles Brot.

KARTOFFELSUPPE

4 Port.

30 Min.

Leicht

Zutaten

1 kg Kartoffeln
1 Bund Suppengemüse
1 Liter Gemüsebrühe
100 ml Sahne
4 Brühwürstchen

Nach Belieben:
Salz und Pfeffer

Nährwerte p. P.

490 kcal
49 g Kohlenhydrate
20 g Fett
8 g Eiweiß

1 Bringen Sie die Brühe zum Kochen.

2 Schälen Sie die Kartoffeln und das Suppengemüse.

3 Schneiden Sie alles in kleine Würfel.

4 Kochen Sie das gesamte Gemüse in der Brühe gar. Je nach gewünschter Festigkeit zwischen 15 und 30 Minuten.

5 Rühren Sie zum Abschluss die Sahne hinzu.

6 Schneiden Sie die Brühwürstchen in dünne Scheiben und rühren Sie diese unter die Suppe.

Brot & Gebäck

EMMERBRÖTCHEN

8 Brötchen

90 Min.

Leicht

Zutaten

300 ml Wasser, lauwarm
20 g Hefe
10 g Salz
500 g Emmer-Mehl
1 EL Öl

Nährwerte p. P.

222 kcal
39 g Kohlenhydrate
3 g Fett
10 g Eiweiß

1 Vermengen Sie Wasser, Hefe und Salz miteinander, bis sich das Salz vollständig aufgelöst hat.

2 Lassen Sie die Mischung 5 Minuten ruhen.

3 Geben Sie im Anschluss alle übrigen Zutaten hinzu und rühren Sie daraus einen Teig an.

4 Lassen Sie den Teig für mindestens 1 Stunde an einem warmen Ort gehen.

5 Heizen Sie nach dieser Zeit den Backofen auf 180 Grad Ober-/Unterhitze vor.

6 Formen Sie aus dem Teig 8 runde Brötchen und legen Sie sie auf ein mit Backpapier ausgelegtes Backblech.

7 Backen Sie die Brötchen für 20 Minuten im vorgeheizten Backofen.

Tipp: Stellen Sie eine feuerfeste Schale mit Wasser auf den Boden des Ofens, so werden die Brötchen noch knuspriger.

KRÄFTIGES DINKELBROT

1 Brot (ca. 16 Scheiben)

60 Min.

Leicht

Zutaten

250 g Dinkel-Vollkornmehl
350 g Dinkelmehl Typ 630
2 TL Weinstein-Backpulver
1 TL Natron
1 TL Brotgewürz
3 EL Chiasamen
1 TL Salz
450 g Speisequark
4 EL Rapsöl
3 EL Wasser

Nährwerte p. P.

190 kcal
26 g Kohlenhydrate
5 g Fett
9 g Eiweiß

1 Heizen Sie den Backofen auf 210 Grad Ober-/Unterhitze vor.

2 Vermengen Sie alle angegebenen Zutaten mit einem Handrührgerät miteinander.

3 Falls der Teig zu fest sein sollte, geben Sie etwas Wasser hinzu und rühren Sie es unter.

4 Formen Sie aus dem Teig jetzt einen Brotlaib und geben Sie ihn auf ein mit Backpapier ausgelegtes Backblech.

5 Backen Sie das Brot für ca. 45 Minuten im Backofen.

6 Lassen Sie es auf einem Kuchengitter auskühlen.

QUARKBRÖTCHEN

10 Brötchen

25 Min.

Leicht

Zutaten

125 g Weizen-Vollkornmehl
125 g Dinkel-Vollkornmehl
1 Prise Salz
1 TL Backpulver
125 g Magerquark
2 EL Rapsöl
3 EL Milch

Außerdem:
Sesam (Alternativ: Mohn, Kürbiskerne, Sonnenblumenkerne)

Nährwerte p. P.

116 kcal
16 g Kohlenhydrate
16 g Fett
5 g Eiweiß

1 Heizen Sie den Backofen auf 180 Grad Ober-/Unterhitze vor.

2 Vermengen Sie beide Mehlsorten, Salz und Backpulver miteinander.

3 Rühren Sie Quark, Rapsöl und Milch unter.

4 Teilen Sie den Teig in 10 Teile und formen Sie daraus runde Brötchen.

5 Wenden Sie diese nach Belieben in Sesam oder anderen Saaten und Körnern.

6 Geben Sie die Brötchen auf ein mit Backpapier belegtes Backblech und backen Sie sie 15 Minuten im Backofen.

SCHNELLES NUSSBROT OHNE WEIZEN

1 Brot (ca. 18 Scheiben)

60 Min.

Leicht

Zutaten

3 Bananen
1 TL Kokosöl
250 ml Mandelmilch
1 TL Zitronensaft
60 g Haferflocken
120 g Dinkel-Vollkornmehl
80 g Mandeln, gemahlen
50 g Haselnüsse, gehackt
1 EL Chiasamen
2 TL Backpulver

Nährwerte p. P.

242 kcal
13 g Kohlenhydrate
19 g Fett
8 g Eiweiß

1 Heizen Sie den Backofen auf 180 Grad Ober-/Unterhitze vor.

2 Schälen und halbieren Sie 2 Bananen.

3 Geben Sie sie mit dem Kokosöl in eine Pfanne und erwärmen Sie sie darin, bis dies karamellisiert.

4 Zerdrücken Sie sie im Anschluss mit einer Gabel.

5 Vermengen Sie diese Masse jetzt mit allen übrigen Zutaten zu einem Teig.

6 Geben Sie den Teig in eine eingefettete Kastenform.

7 Schälen Sie die dritte Banane und schneiden Sie sie in Scheiben. Legen Sie diese auf den Teig und drücken Sie die Scheiben leicht in den Teig.

8 Backen Sie das Brot für ca. 50 Minuten im Backofen. Decken Sie es nach 30 Minuten mit einem passenden Deckel oder Backpapier ab.

DINKEL-KÜRBIS-ZOPF

2 Hefezöpfe | 90 Min. | Mittel

Zutaten

1 Pk. Trockenhefe (oder ½ Würfel Frischhefe)
40 ml Milch
600 g Dinkelmehl
200 g Kürbispüree
50 g Traubenzucker (Glukose)
1 TL Salz
½ TL Zimt
½ TL Ingwer, gemahlen
½ TL Kardamom, gemahlen

Außerdem:
1 Eigelb
2 EL Milch
Mandelblätter zum Bestreuen

Nährwerte p. P.

116 kcal
23 g Kohlenhydrate
1 g Fett
3 g Eiweiß

1 Erwärmen Sie Milch und Hefe in einem kleinen Topf oder in der Mikrowelle auf etwa 30 Grad.

2 Rühren Sie Mehl, Kürbispüree, Traubenzucker, Salz und die übrigen Gewürze unter.

3 Kneten Sie daraus einen festen Teig.

4 Decken Sie den Teig mit einem Handtuch ab und lassen Sie ihn für 1 Stunde ruhen.

5 Heizen Sie den Backofen nach dieser Zeit auf 170 Grad Ober-/Unterhitze vor.

6 Teilen Sie den Teig im Anschluss in 2 Teile. Formen Sie daraus jeweils einen 30 cm langen und 3 cm dicken Strang.

7 Flechten Sie daraus jeweils einen Zopf.

8 Vermengen Sie Eigelb und Milch miteinander und bestreichen Sie die Zöpfe mit der Mischung.

9 Bestreuen Sie sie im Anschluss mit den Mandelblättern.

10 Backen Sie die Zöpfe für 25 Minuten im Backofen.

DINKELBAGUETTE

2 Baguettes (ca. 20 Scheiben)

25 Min. + 2 Std. Ruhezeit

Leicht

Zutaten

1 Pk. Trockenhefe
1 TL Salz
1 TL Traubenzucker (Glukose)
1 EL Olivenöl
300 g Dinkelmehl Typ 630
200 g Dinkelmehl Typ 1050
300 ml Wasser, lauwarm

Nährwerte p. P.

85 kcal
17 g Kohlenhydrate
1 g Fett
2 g Eiweiß

1 Vermengen Sie Hefe, Salz und Traubenzucker miteinander, bis sich alles vollständig aufgelöst hat. Lassen Sie die Mischung 5 Minuten quellen.

2 Rühren Sie in der Zwischenzeit aus Olivenöl, Mehl und Wasser in einer großen Schüssel einen Teig an.

3 Kneten Sie jetzt die Hefemischung unter den Teig.

4 Decken Sie den Teig ab und lassen Sie ihn 1 Stunde ruhen.

5 Kneten Sie anschließend 2 Baguettes aus dem Teig und geben Sie diese auf ein Baguetteblech.

6 Lassen Sie die Baguettes 20 Minuten ruhen.

7 Heizen Sie in der Zwischenzeit den Backofen auf 220 Grad Ober-/Unterhitze vor.

8 Backen Sie die Baguettes nach der Ruhezeit für 25 Minuten im Backofen.

9 Lassen Sie sie in dem Blech abkühlen.

Hauptgerichte mit Fleisch & Geflügel

FRIKADELLEN

6 Frikadellen

20 Min.

Leicht

Zutaten

1 Zwiebel
500 g Hackfleisch, gemischt
25 g Paniermehl
100 ml Wasser
1 EL Senf
1 EL Tomatenmark
1 TL Salz
1 Prise Pfeffer
4 EL Olivenöl

Nährwerte p. P.

186 kcal
4 g Kohlenhydrate
13 g Fett
11 g Eiweiß

1 Schälen und schneiden Sie die Zwiebel in kleine Würfel.

2 Vermengen Sie alle angegebenen Zutaten, bis auf das Olivenöl, in einer großen Schüssel.

3 Es sollte eine feste, formbare Masse entstehen.

4 Formen Sie daraus je nach Größe etwa 6 Frikadellen.

5 Erhitzen Sie das Öl in einer Pfanne.

6 Braten Sie die Frikadellen darin für 3 bis 4 Minuten von jeder Seite an.

Tipp: Frikadellen lassen sich sehr gut mit Gemüse, Kartoffeln oder Püree kombinieren und ergeben damit ein reichhaltiges Hauptgericht.

FLAMMKUCHEN MIT SPECK

2 Port.

40 Min.

Leicht

Zutaten

Für den Teig:
200 g Dinkelmehl
110 ml Wasser, still
1 EL Olivenöl
1 TL Salz

Für den Belag:
200 g Schmand
2 EL Senf
1 Prise Salz
1 Prise Pfeffer
100 g magere Speckwürfel
4 Frühlingszwiebeln, in Ringe geschnitten

Nährwerte p. P.

240 kcal
39 g Kohlenhydrate
13 g Fett
5 g Eiweiß

1 Vermengen Sie die Zutaten für den Teig miteinander. Dabei sollte ein fester Teig entstehen.

2 Rollen Sie ihn zu einer Kugel und lassen Sie diese für 1 Stunde im Kühlschrank ruhen.

3 Kneten Sie den Teig im Anschluss noch einmal durch und verteilen Sie ihn gleichmäßig auf einem mit Backpapier belegten Backblech.

4 Heizen Sie den Backofen auf 200 Grad Ober-/Unterhitze vor.

5 Vermengen Sie Schmand, Senf, Salz und Pfeffer miteinander.

6 Geben Sie die Mischung auf den Teig.

7 Bestreuen Sie ihn zum Abschluss mit Speckwürfeln und Frühlingszwiebeln.

8 Backen Sie den Flammkuchen für 20 Minuten knusprig.

GLASIERTES HÄHNCHEN AUF FELDSALAT

2 Port.

15 Min.

Leicht

Zutaten

Für das Hähnchen:
2 Hähnchenbrustfilets
2 EL Reissirup
1 EL Olivenöl

Für den Salat:
150 g Feldsalat
50 g Pinienkerne
5 EL Essig, hell
2 EL Olivenöl
1 TL Senf
5 EL Wasser

Nach Belieben:
Salz und Pfeffer

Nährwerte p. P.

440 kcal
7 g Kohlenhydrate
19 g Fett
29 g Eiweiß

1 Heizen Sie den Backofen auf 180 Grad Ober-/Unterhitze vor.

2 Rösten Sie die Pinienkerne ohne Zugabe von Fett kurz in einer Pfanne an.

3 Nehmen Sie sie aus der Pfanne und erhitzen Sie jetzt das Olivenöl darin.

4 Braten Sie darin das Hähnchenfleisch für 2 bis 3 Minuten von jeder Seite an.

5 Geben Sie das Fleisch in eine Auflaufform und bestreichen Sie es mit dem Reissirup.

6 Garen Sie es für 10 Minuten im Backofen.

7 Waschen Sie in der Zwischenzeit den Salat und verteilen Sie ihn auf 2 Tellern.

8 Vermengen Sie Essig, Olivenöl, Senf und Wasser zu einem Dressing.

9 Garnieren Sie den Salat mit dem Dressing sowie den Pinienkernen und geben Sie das fertige Fleisch darauf. Würzen Sie ihn nach Belieben mit Salz und Pfeffer.

BLUMENKOHL-BROKKOLI-AUFLAUF

4 Port.

50 Min.

Leicht

Zutaten

500 g Blumenkohl
500 g Brokkoli
2 Kartoffeln
100 g magerer Kochschinken
2 Zehen Knoblauch
1 Zwiebel
200 g Frischkäse
200 ml Milch
4 Eier

Nach Belieben:
frische Petersilie
Salz
Pfeffer
Cayennepfeffer
Muskat

Außerdem:
50 g Parmesan

Nährwerte p. P.

311 kcal
17 g Kohlenhydrate
12 g Fett
30 g Eiweiß

1 Heizen Sie den Backofen auf 180 Grad Ober-/Unterhitze vor.

2 Trennen Sie Blumenkohl und Brokkoli in kleine Röschen.

3 Schälen Sie die Kartoffeln und schneiden Sie sie in mundgerechte Stücke.

4 Bringen Sie einen ausreichend großen Topf mit Wasser zum Kochen und garen Sie das gesamte Gemüse darin für 8 Minuten bei mittlerer Wärmezufuhr.

5 Schneiden Sie währenddessen Schinken, Knoblauch und Zwiebel in kleine Würfel.

6 Geben Sie jetzt das vorgegarte Gemüse in eine große Auflaufform.

7 Vermengen Sie Schinken, Knoblauch, Zwiebel, Frischkäse, Milch und Eier miteinander.

8 Geben Sie die Mischung über das Gemüse in der Auflaufform.

9 Reiben Sie den Parmesan darüber.

10 Garen Sie den Auflauf für ca. 35 Minuten.

KIWI-HÄHNCHEN

1 Port.

25 Min.

Leicht

Zutaten

300 g Hähnchenbrust
1 Kiwi
1 EL Paprikapulver
1 kleines Stück Fenchel
1 Stück Ingwer
1 Prise Salz

Außerdem:
Öl zum Anbraten

Nährwerte p. P.

362 kcal
23 g Kohlenhydrate
2 g Fett
4 g Eiweiß

1 Schälen Sie die Kiwi und schneiden Sie sie in dünne Scheiben.

2 Waschen Sie das Hähnchen und tupfen Sie es trocken.

3 Hacken Sie Fenchel und Ingwer fein.

4 Vermengen Sie alle Zutaten mit dem Hähnchen in einer Schüssel.

5 Verschließen Sie diese und marinieren Sie das Fleisch darin für mindestens 30 Minuten.

6 Nehmen Sie das Fleisch im Anschluss aus der Marinade.

7 Erhitzen Sie etwas Öl in einer Pfanne.

8 Braten Sie das Hähnchenfleisch darin bei mittlerer Wärmezufuhr für etwa 5 Minuten von jeder Seite an.

Tipp: Dazu schmecken Kartoffeln, Pommes oder ein Salat.

PAPAYAPUTE MIT SALAT

2 Port.

30 Min.

Leicht

Zutaten

1 Papaya
200 g Feldsalat
150 g Möhren
300 g Putenschnitzel
8 EL Öl
1 Prise Salz
1 Prise Pfeffer
3 EL Essig
1 EL Basilikum, gehackt
½ Bund Petersilie, gehackt
½ Bund Kerbel, gehackt

Nährwerte p. P.

640 kcal
8 g Kohlenhydrate
50 g Fett
40 g Eiweiß

1 Schälen und entkernen Sie die Papaya, schneiden Sie das Fruchtfleisch in dünne Streifen.

2 Waschen Sie den Salat. Schälen Sie die Möhren und schneiden Sie diese ebenfalls in dünne Streifen.

3 Schneiden Sie das Putenfleisch in mundgerechte Stücke.

4 Erhitzen Sie 2 EL Öl in einer Pfanne.

5 Braten Sie das Fleisch darin kräftig für etwa 4 Minuten von jeder Seite an.

6 Würzen Sie es mit Salz und Pfeffer.

7 Verteilen Sie den Salat auf 2 Tellern.

8 Richten Sie das Fleisch und die Papayastreifen darauf an.

9 Stellen Sie aus Essig und den Kräutern ein Dressing her.

10 Garnieren Sie den Salat damit.

Hauptgerichte mit Fisch & Meeresfrüchten

SPINATWAFFELN MIT LACHS

4 Port.

40 Min.

Mittel

Zutaten

500 g Blattspinat (tiefgekühlt)
75 g Butter
50 g Butterkäse, gerieben
2 Eier
50 ml Milch
100 g Mehl
½ TL Backpulver
1 Pk. Lachsaufschnitt

Nährwerte p. P.

443 kcal
4 g Kohlenhydrate
34 g Fett
27 g Eiweiß

1 Lassen Sie den Spinat auftauen und abtropfen.

2 Schmelzen Sie die Butter in der Mikrowelle oder einem kleinen Topf.

3 Vermengen Sie alle Zutaten, bis auf den Lachs, in einer großen Schüssel.

4 Erhitzen Sie das Waffeleisen.

5 Verarbeiten Sie den Teig je nach Größe zu 4 bis 6 Waffeln.

6 Richten Sie den Lachsaufschnitt auf den Waffeln an.

PENGASIUSFILET MIT PELLKARTOFFELN

4 Port.

45 Min.

Leicht

Zutaten

500 g Kartoffeln
4 EL Butter
4 Stücke Pengasiusfilet
1 EL Oregano, getrocknet
1 Spritzer Zitronensaft
1 Prise Salz
1 Bund Petersilie, gehackt
1 Zitrone, in Spalten geschnitten

Nährwerte p. P.

191 kcal
45 g Kohlenhydrate
10 g Fett
9 g Eiweiß

1 Kochen Sie die Kartoffeln in ausreichend Salzwasser für 25 Minuten gar. Passen Sie die Garzeit der Größe der Kartoffeln an.

2 Pellen Sie die Kartoffeln.

3 Erhitzen Sie 2 EL Butter in einer Pfanne.

4 Braten Sie die Fischfilets nacheinander für jeweils 8 Minuten bei mittlerer Wärmezufuhr an. Wenden Sie den Fisch nach 4 Minuten.

5 Geben Sie Oregano, Zitronensaft und das Salz mit in die Pfanne. Schalten Sie den Herd aus und lassen Sie die Filets kurz in der Pfanne ruhen.

6 Erhitzen Sie in einem großen Topf 2 EL Butter

7 Wenden Sie die Pellkartoffeln kurz gemeinsam mit der Petersilie in dem Topf.

8 Servieren Sie die Petersilienkartoffeln zu dem Fischfilet und reichen Sie dazu die Zitronenspalten.

HERINGS-AUFLAUF

4 Port. 120 Min. Leicht

Zutaten

650 g Matjesfilet
260 ml Milch
500 g Kartoffeln
1 TL Pfeffer
1 TL Salz
260 ml Sahne
50 g Butterflocken
100 g Paniermehl

Nährwerte p. P.

956 kcal
58 g Kohlenhydrate
48 g Fett
12 g Eiweiß

1 Übergießen Sie die Matjesfilet mit der Milch und lassen Sie sie darin zugedeckt für 4 Stunden ruhen.

2 Entfernen Sie anschließend die Haut und schneiden Sie den Fisch in dünne Streifen.

3 Schälen Sie außerdem die Kartoffeln und schneiden Sie sie in dünne Scheiben.

4 Heizen Sie den Backofen auf 200 Grad Ober-/Unterhitze vor.

5 Vermengen Sie Kartoffeln, Fisch, Pfeffer, Salz und Sahne in einer großen Auflaufform.

6 Verteilen Sie Butterflocken und Paniermehl gleichmäßig über dem Auflauf.

7 Backen Sie ihn 90 Minuten im vorgeheizten Backofen.

RÄUCHERFORELLE AUF FELDSALAT

4 Port.

20 Min.

Leicht

Zutaten

150 g Feldsalat
1 TL Salz
2 TL Traubenzucker (Glukose)
2 TL Senf
1 Prise Pfeffer
2 EL Olivenöl
4 EL Essig
100 g Forellenfilet

Nährwerte p. P.

92 kcal
4 g Kohlenhydrate
5 g Fett
6 g Eiweiß

1 Waschen Sie den Salat, lassen Sie ihn abtropfen und richten Sie ihn auf einer Platte an.

2 Vermengen Sie Salz, Traubenzucker, Senf, Pfeffer, Olivenöl und Essig zu einem Dressing.

3 Verteilen Sie das Dressing gleichmäßig über dem Salat.

4 Schneiden Sie den Fisch in Streifen und richten Sie ihn auf dem Salat an.

Tipp: Je nach Verträglichkeit könnte dieser Salat mit Champignons oder Zwiebeln angerichtet werden, sie enthalten jedoch Fructose.

SAIBLINGSFILET AUF BLATTSPINAT

4 Port.

45 Min.

Leicht

Zutaten

1 EL Butter
1 EL Mehl
200 ml Weißwein
50 ml Wermut, trocken
300 ml Fischfond
1 Prise Salz
50 ml Sahne

Außerdem:
100 g Blattspinat
1 EL Öl
4 Saiblingsfilets
Salz und Pfeffer

Nährwerte p. P.

348 kcal
6 g Kohlenhydrate
15 g Fett
35 g Eiweiß

1 Schmelzen Sie die Butter in einem kleinen Topf.

2 Geben Sie unter ständigem Rühren das Mehl hinzu.

3 Löschen Sie die Mehlschwitze mit Weißwein, Wermut, Fischfond, Salz und der Sahne ab.

4 Köcheln Sie die Soße 30 Minuten bei mittlerer Wärmezufuhr.

5 Erhitzen Sie in der Zwischenzeit das Öl in einer Pfanne.

6 Dünsten Sie den Blattspinat darin 5 Minuten lang an. Er sollte vollständig zusammengefallen sein.

7 Legen Sie die Saiblingsfilets darauf und garen Sie sie 5 Minuten lang bei geschlossener Pfanne mit.

8 Würzen Sie den Fisch mit Salz und Pfeffer.

9 Richten Sie den Spinat mit dem Fisch auf Tellern an und geben Sie etwas von der Fischsoße darüber.

Tipp: Falls etwas Fischsoße übrig bleibt, kann diese als Basis für eine Fischsuppe dienen.

GARNELENTOAST

12 Toasts

20 Min.

Leicht

Zutaten

350 g Garnelen, roh
2 Eier
75 g Wasserkastanien, fein gehackt
1 EL Koriandergrün, fein gehackt
½ TL Pfeffer
1 Prise Salz
6 Scheiben Toast, ohne Rinde, sorbitfrei
1 EL Sesam
2 Liter Öl zum Frittieren

Nährwerte p. P.

340 kcal
9 g Kohlenhydrate
23 g Fett
15 g Eiweiß

1 Waschen Sie die Garnelen.

2 Trennen Sie die Eier.

3 Pürieren Sie Eiweiß, Garnelen, Wasserkastanien, Koriandergrün, Pfeffer und Salz in einem Mixer zu einer feinen Paste.

4 Verquirlen Sie das Eigelb.

5 Bestreichen Sie eine Scheibe Toast mit dem Eigelb.

6 Verteilen Sie darauf eine großzügige Portion der Garnelenmasse.

7 Halbieren Sie den Toast zweimal diagonal und bestreuen Sie die Dreiecke anschließend mit Sesam.

8 Erhitzen Sie das Öl in einem ausreichend großen Topf.

9 Frittieren Sie die Toastecken darin für ca. 15 Sekunden. Sie sollten dabei eine goldbraune Farbe erhalten.

10 Lassen Sie sie auf Küchenpapier abtropfen.

Tipp: Dazu schmeckt Reis oder ein Salat.

Vegetarische Hauptgerichte

NUDELN MIT SALAT-PESTO

2 Port.

30 Min.

Leicht

Zutaten

120 g Dinkelvollkorn-Bandnudeln
100 g Feldsalat
30 g Paranüsse, gehackt
100 ml Olivenöl
½ TL Salz
2 Zucchini
125 g Mozzarella

Nährwerte p. P.

615 kcal
40 g Kohlenhydrate
40 g Fett
23 g Eiweiß

1 Kochen Sie die Nudeln nach Packungsanweisung und fahren Sie in der Zwischenzeit mit dem Rezept fort.

2 Waschen Sie den Salat gründlich ab.

3 Pürieren Sie Salat, Paranüsse, Olivenöl und Salz miteinander.

4 Waschen Sie die Zucchini. Hobeln Sie daraus mithilfe eines Sparschälers dünne nudelähnliche Streifen.

5 Geben Sie diese kurz vor dem Ende der Garzeit zu den Nudeln.

6 Gießen Sie die Nudelmischung anschließend ab.

7 Vermengen Sie diese mit dem Pesto und verteilen Sie die Nudeln auf 2 Tellern.

8 Schneiden Sie den Mozzarella nach Belieben klein und servieren Sie ihn zu den Nudeln.

HOKKAIDO-QUICHE

6 Port.

50 Min.

Leicht

Zutaten

250 g Mehl
1 Prise Salz
150 g Butter oder Margarine
1 Ei
500 g Hokkaidokürbis, gerieben
50 g Frühlingszwiebeln, in Ringe geschnitten
50 g roher Schinken, gewürfelt
150 ml Milch
2 Eier
100 g Hartkäse (z. B. Parmesan, Pecorino)

Nach Belieben:
Pfeffer, Salz, Cayennepfeffer, Muskat, Petersilie

Nährwerte p. P.

470 kcal
34 g Kohlenhydrate
28 g Fett
12 g Eiweiß

1 Kneten Sie aus Mehl, Salz, Butter und Ei einen festen Teig.

2 Formen Sie daraus eine Kugel, wickeln Sie sie in Frischhaltefolie ein und lassen Sie sie 1 Stunde im Kühlschrank ruhen.

3 Rollen Sie den Teig nach dieser Zeit auf einer mit Mehl bestäubten Arbeitsfläche dünn aus.

4 Heizen Sie den Backofen auf 200 Grad Ober-/Unterhitze vor.

5 Legen Sie anschließend eine Quicheform mit dem dünnen Teig aus.

6 Geben Sie Kürbis, Frühlingszwiebeln und Schinken darauf.

7 Verquirlen Sie Milch und Eier miteinander und würzen Sie die Mischung nach Belieben mit Pfeffer, Salz, Cayennepfeffer, Muskat und Petersilie.

8 Verteilen Sie die Mischung im Anschluss gleichmäßig über dem Gemüse.

9 Reiben Sie den Käse darüber und backen Sie die Quiche für 30 Minuten im Backofen. Der Käse sollte dabei nicht zu braun werden.

Tipp: Wer keinen Kürbis mag, kann aus dieser Kürbis-Quiche eine Möhren-Quiche machen und den Kürbis entsprechend austauschen. Auch Möhren haben einen sehr geringen Fructosegehalt.

NUDELN MIT SPINAT UND ERBSEN

4 Port.

30 Min.

Leicht

Zutaten

500 g Dinkel- oder Vollkornnudeln
400 g Erbsen, tiefgekühlt
2 Frühlingszwiebeln
200 g Spinat, jung
1 TL Olivenöl
200 g Feta
50 g Walnüsse

Für die Soße:
1 Zehe Knoblauch
½ Zitrone, unbehandelt
500 g griechischer Joghurt
80 ml Olivenöl
1 Prise Salz
1 Prise Pfeffer

Nährwerte p. P.

821 kcal
67 g Kohlenhydrate
51 g Fett
29 g Eiweiß

1 Kochen Sie die Nudeln nach Packungsanweisung.

2 Fügen Sie die Erbsen ca. 2 Minuten nach Ende der Garzeit den Nudeln hinzu.

3 Waschen Sie die Frühlingszwiebeln und schneiden Sie diese in Ringe.

4 Waschen Sie den Spinat und tupfen Sie ihn trocken.

5 Erhitzen Sie 1 TL Olivenöl in einer Pfanne und schwitzen Sie den Spinat gemeinsam mit den Frühlingszwiebeln darin für 2 Minuten an.

6 Waschen Sie die Zitrone und reiben Sie die Hälfte der Schale ab.

7 Schälen und pressen Sie den Knoblauch.

8 Pürieren Sie Joghurt, Olivenöl, Knoblauch und Zitronenabrieb miteinander.

9 Schmecken Sie die Soße mit Salz und Pfeffer ab.

10 Vermengen Sie die abgegossenen Nudeln und Erbsen mit der Soße und richten Sie sie auf Tellern an.

11 Zerkleinern Sie Walnüsse und Feta grob.

12 Garnieren Sie die Nudeln mit Walnüssen, Feta und der Spinatmischung.

GEMÜSELASAGNE

4 Port.

30 Min.

Mittel

Zutaten

Für die Lasagnesoße:
1 Zucchini
1 Aubergine
3 EL Olivenöl
1 Bund Basilikum
1 Prise Salz
1 Prise Pfeffer

Für die Béchamelsoße:
750 ml Milch
50 g Butter
3 EL Dinkelmehl
1 Prise Muskat
Salz und Pfeffer

Außerdem:
2 Kugeln Mozzarella
15 Lasagneplatten

Nährwerte p. P.

605 kcal
68 g Kohlenhydrate
29 g Fett
16 g Eiweiß

1 Waschen Sie die Zucchini und Aubergine und schneiden Sie sie in kleine Würfel. Erhitzen Sie das Olivenöl in einer Pfanne und dünsten Sie das Gemüse darin für 10 Minuten an.

2 Hacken Sie das Basilikum klein und geben Sie es zum Gemüse in die Pfanne. Schmecken Sie die Mischung mit Salz und Pfeffer ab.

3 Erhitzen Sie in einem separaten Topf die Milch und Butter für die Béchamelsoße.

4 Sobald die Milch heiß wird, reduzieren Sie die Hitze und geben unter ständigem Rühren das Mehl hinzu.

5 Köcheln Sie die Soße unter regelmäßigem Rühren 5 Minuten lang auf. Schmecken Sie sie mit Muskat, Salz und Pfeffer ab. Heizen Sie den Backofen auf 200 Grad Ober-/Unterhitze vor.

6 Schichten Sie jetzt die Lasagne. Beginnen Sie mit einer dünnen Schicht Lasagnesoße. Geben Sie eine Schicht Lasagneplatten darauf. Es folgt eine dünne Schicht Béchamelsoße. Darauf verteilen Sie eine großzügige Portion Gemüse.

7 Verfahren Sie mit den Zutaten so weiter, bis alle aufgebraucht sind.

8 Schneiden Sie zum Abschluss den Mozzarella in Scheiben und geben Sie ihn auf die Lasagne. Backen Sie die Lasagne für 30 Minuten im Ofen.

VEGAN |

MEDITERRANE SPAGHETTI

4 Port. 45 Min. Leicht

Zutaten

500 g Dinkelspaghetti
2 Zucchini
1 Glas Oliven
1 Bund Basilikum
3 EL Olivenöl
100 ml Wasser

Nach Belieben:
Salz und Pfeffer

Nährwerte p. P.

325 kcal
36 g Kohlenhydrate
6 g Fett
3 g Eiweiß

1 Kochen Sie die Spaghetti nach Packungsanweisung.

2 Waschen Sie in dieser Zeit die Zucchini und schneiden Sie diese in kleine Würfel.

3 Lassen Sie die Oliven abtropfen und schneiden Sie sie in Streifen.

4 Waschen und zerkleinern Sie die Basilikumblätter.

5 Erhitzen Sie das Olivenöl in einer Pfanne.

6 Dünsten Sie Zucchini und Oliven darin für etwa 10 Minuten bei geringer Wärmezufuhr an.

7 Geben Sie Basilikum und Wasser hinzu und kochen Sie die Soße 5 Minuten lang kräftig auf.

8 Geben Sie die gekochten Spaghetti in die Pfanne und rühren Sie sie unter die Soße.

9 Schmecken Sie das Gericht mit Salz und Pfeffer ab.

VEGAN |

BASISREZEPT SPÄTZLE OHNE EI

4 Port.

20 Min.

Mittel

Zutaten

350 g Weizenmehl
70 g Hartweizengrieß
1 TL Kurkuma, gerieben
450 ml Sojamilch
1 TL Salz
2 TL Rapsöl

Nährwerte p. P.

189 kcal
34 g Kohlenhydrate
3 g Fett
6 g Eiweiß

1 Vermengen Sie alle angegebenen Zutaten mit einem Handrührgerät zu einem zähen Teig.

2 Bringen Sie in einem großen Topf ausreichend Wasser zum Kochen.

3 Pressen Sie den Teig direkt über dem Wasser durch eine Spätzlepresse.

4 Lassen Sie die Spätzle darin einige Minuten köcheln. Sobald diese an der Oberfläche schwimmen, können Sie sie mit einem Schöpflöffel herausnehmen.

Tipp: Spätzle können vielseitig mit verschiedenen Soßen, Fisch oder Gemüsesorten kombiniert werden.

Fingerfood & Snacks

MÜSLI-NUSS-RIEGEL

12 Riegel

10 Min. + 2 Std. Ruhezeit

Mittel

Zutaten

1 Vanilleschote
100 ml Kokosöl
100 ml Reissirup
250 g Cashewkerne
80 g Haferflocken
80 g Kokosflocken
80 g Quinoa

Nährwerte p. P.

183 kcal
19 g Kohlenhydrate
11 g Fett
2 g Eiweiß

1 Legen Sie eine quadratische Backform mit Backpapier aus.

2 Schneiden Sie die Vanilleschote der Länge nach auf und kratzen Sie das Mark heraus.

3 Vermengen Sie Kokosöl und Reissirup in einem kleinen Topf und erhitzen Sie die Mischung, bis sie sich vollständig verflüssigt hat.

4 Rühren Sie jetzt alle übrigen Zutaten unter.

5 Geben Sie die Mischung in die vorbereitete Backform und drücken Sie sie gut an die Ränder und den Boden.

6 Lassen Sie sie für 2 Stunden im Kühlschrank erkalten.

7 Schneiden Sie aus der fest gewordenen Masse jetzt 12 Riegel.

PIZZAMUFFINS

12 Muffins

35 Min.

Leicht

Zutaten

250 g Dinkelmehl
1 Pk. Backpulver
1 TL Salz
2 TL Oregano
2 Eier
250 ml Milch
50 ml Rapsöl
100 g Zucchini
50 g Parmesan

Nährwerte p. P.

324 kcal
22 g Kohlenhydrate
8 g Fett
7 g Eiweiß

1 Heizen Sie den Backofen auf 180 Grad Ober-/Unterhitze vor.

2 Vermengen Sie Dinkelmehl, Backpulver, Salz und Oregano in einer Schüssel.

3 Rühren Sie Eier, Milch und Öl unter die Mischung und formen Sie daraus einen glatten Teig.

4 Waschen Sie die Zucchini und reiben Sie sie gemeinsam mit dem Parmesan ebenfalls in den Teig.

5 Verteilen Sie den fertigen Teig auf 12 Muffinformen.

6 Backen Sie die Muffins für 20 bis 25 Minuten im Backofen.

BUTTERMILCH-MUFFINS

12 Muffins

35 Min.

Leicht

Zutaten

1 Ei
80 ml Rapsöl
100 g Dinkelsirup
1 Pk. Vanillezucker
3 TL Backpulver
1 Prise Salz
1 TL Zimt
300 g Dinkelmehl
300 ml Buttermilch
200 g Himbeeren

Nährwerte p. P.

223 kcal
29 g Kohlenhydrate
8 g Fett
5 g Eiweiß

1 Schlagen Sie das Ei, gemeinsam mit Rapsöl, Dinkelsirup und Vanillezucker, schaumig auf.

2 Geben Sie unter ständigem Rühren Backpulver, Salz, Zimt, Dinkelmehl und Buttermilch hinzu.

3 Waschen Sie die Himbeeren gründlich ab und heben Sie sie kurz unter den Teig.

4 Heizen Sie den Backofen auf 180 Grad Umluft vor.

5 Verteilen Sie den Teig auf 12 Muffinformen.

6 Backen Sie die Muffins für 20 bis 25 Minuten im Backofen.

MÜSLIRIEGEL MIT CHIASAMEN

25 Riegel

50 Min.

Leicht

Zutaten

150 g Reissirup
50 g Margarine
1 TL Zitronensaft
100 g gemischte Nüsse
100 g Haferflocken
80 g Cornflakes, ungesüßt
50 g Sonnenblumenkerne
100 g Sesam
30 g Chiasamen
30 g Kokosraspeln
30 g Leinsamen

Nährwerte p. P.

130 kcal
11 g Kohlenhydrate
8 g Fett
2 g Eiweiß

1 Geben Sie Reissirup, Margarine und Zitronensaft in einen großen Topf und erhitzen Sie die Mischung.

2 Geben Sie alle festen Zutaten in einen Mixer und pürieren Sie diese kurz miteinander.

3 Rühren Sie diese Mischung jetzt unter den geschmolzenen Sirup in den Topf.

4 Verteilen Sie die Masse auf ein tiefes, mit Backpapier ausgelegtes, Backblech.

5 Lassen Sie sie darauf abkühlen und schneiden Sie daraus ca. 25 Riegel, sobald die Masse fest genug ist.

6 Heizen Sie in der Zwischenzeit den Backofen auf 180 Grad Umluft vor.

7 Backen Sie die Riegel für 10 Minuten im Backofen.

SCHOKOMONDE

20 Kekse

25 Min. + 2 Std. Ruhezeit

Leicht

Zutaten

250 g Butter
125 g Traubenzucker (Glukose)
2 EL Backkakao
3 Eigelbe
400 g Mehl

Nährwerte p. P.

67 kcal
5 g Kohlenhydrate
2 g Fett
3 g Eiweiß

1 Vermengen Sie alle Zutaten mit den Knethaken zu einem festen Teig.

2 Formen Sie daraus eine Kugel und lassen Sie diese für mindestens 2 Stunden im Kühlschrank ruhen.

3 Nehmen Sie den Teig rund 20 Minuten vor der Weiterverarbeitung aus dem Kühlschrank.

4 Formen Sie daraus kleine kurze Würstchen und drücken Sie diese als Monde auf ein mit Backpapier belegtes Backblech.

5 Backen Sie die Kekse für 10 bis 12 Minuten im Backofen.

ZIMTSCHNECKEN

6 Schnecken

45 Min.

Leicht

Zutaten

500 g Dinkelmehl Typ 630
325 g Margarine, weich
150 ml Kokosmilch
1 Prise Salz
2 Prisen Zimt, gemahlen
2 EL Reissirup

Nährwerte p. P.

430 kcal
45 g Kohlenhydrate
3 g Fett
10 g Eiweiß

1 Verarbeiten Sie Mehl, Margarine, Kokosmilch und Salz zu einem glatten Teig.

2 Stellen Sie diesen für 30 Minuten in den Kühlschrank.

3 Rollen Sie den Teig auf einer bemehlten Arbeitsfläche zu einem Rechteck aus.

4 Vermengen Sie Zimt und Reissirup zu einer Paste.

5 Bestreichen Sie den Teig gleichmäßig mit der Zimtpaste.

6 Heizen Sie den Backofen auf 170 Grad Umluft vor.

7 Rollen Sie den Teig zu einer dicken Rolle ein.

8 Schneiden Sie ihn in Scheiben und legen Sie diese auf ein mit Backpapier belegtes Backblech.

9 Backen Sie die Zimtschnecken für 10 Minuten im Backofen.

Desserts

AVOCADOEIS MIT MINZE

4 Port.

35 Min.

Leicht

Zutaten

350 g reife Avocados
5 g Minze
2 EL Limettensaft
1 TL Bio-Limettenabrieb
2 EL Reissirup
200 ml Mandelmilch
4 TL Kakaonibs

Nährwerte p. P.

180 kcal
8 g Kohlenhydrate
14 g Fett
2 g Eiweiß

1 Entkernen Sie die Avocados und schneiden Sie das Fruchtfleisch in grobe Stücke.

2 Waschen Sie die Minzblätter.

3 Geben Sie alle Zutaten, bis auf die Kakaonibs, in einen Mixer und pürieren Sie die Mischung für etwa 1 Minute.

4 Lassen Sie das Eis für mindestens 4 Stunden gefrieren.

5 Formen Sie es vor dem Servieren zu Kugeln und garnieren Sie es mit den Kakaonibs.

WÜRZIGER ZITRONENKUCHEN

1 Kastenform (ca. 10 Stk.)

70 Min.

Leicht

Zutaten

2 Zitronen
4 Eier
150 g Butter oder Margarine
200 g Traubenzucker (Glukose)
1 Prise Salz
300 g Mehl
½ Pk. Backpulver
80 ml Buttermilch
1 TL frischer Thymian, gehackt
1 TL frischer Rosmarin, gehackt

Nährwerte p. P.

325 kcal
42 g Kohlenhydrate
15 g Fett
6 g Eiweiß

1 Heizen Sie den Backofen auf 160 Grad Umluft vor.

2 Waschen Sie die Zitronen gründlich ab. Reiben Sie die Schale ab und pressen Sie die Zitronen aus.

3 Trennen Sie die Eier.

4 Schlagen Sie Butter, Traubenzucker, Salz und Eigelb mit einem Mixer schaumig.

5 Sieben Sie Mehl und Backpulver dazu.

6 Heben Sie jetzt Zitronenabrieb, Zitronensaft, Buttermilch und die Gewürze unter den Teig.

7 Füllen Sie den Teig in eine gefettete Kastenform und backen Sie den Kuchen für 1 Stunde im Backofen.

8 Lassen Sie ihn im Anschluss in der Form auskühlen.

MOHNSTOLLEN

1 Stollen (ca. 10 Stk.)

90 Min.

Leicht

Zutaten

Für den Vorteig:
½ Würfel Hefe, frisch
1 TL Traubenzucker (Glukose)
50 ml Milch
50 g Weizenmehl

Für den Hauptteig:
1 Prise Salz
50 ml Milch
50 g Traubenzucker (Glukose)
1 Ei
2 EL Pflanzenöl
250 g Weizenmehl

Für die Mohnfüllung:
100 g Mohn, gemahlen
150 ml Milch
1 EL Speisestärke
30 g Mandelmus
3 Tropfen Bittermandelaroma
30 g Mandeln, gehackt

Nährwerte p. P.
260 kcal
30 g Kohlenhydrate
11 g Fett
9 g Eiweiß

1 Vermengen Sie zunächst Hefe, Traubenzucker, Milch und Mehl zu einem Vorteig. Rühren Sie anschließend aus den Zutaten für den Hauptteig einen homogenen Teig an. Verkneten Sie beide Teige miteinander. Lassen Sie den Teig abgedeckt für 30 Minuten ruhen.

2 Bereiten Sie in der Zwischenzeit die Mohnfüllung zu. Vermengen Sie dafür Milch und Mohn in einem Topf. Kochen Sie die Mischung für 10 Minuten bei geringer Wärmezufuhr.

3 Füllen Sie die Mischung um und lassen Sie sie abkühlen. Rühren Sie alle übrigen Zutaten für die Mohnfüllung unter die Masse. Kneten Sie den Hefeteig nach der Ruhezeit noch einmal durch und rollen Sie ihn auf einer bemehlten Arbeitsfläche zu einem Rechteck aus.

4 Verteilen Sie die Mohnfüllung auf das untere Drittel. Rollen Sie den Teig jetzt der Länge nach ein und geben Sie den Stollen auf ein mit Backpapier ausgelegtes Backblech.

5 Lassen Sie den Stollen darauf für 15 Minuten ruhen. Heizen Sie in der Zwischenzeit den Backofen auf 160 Grad Ober-/Unterhitze vor.

6 Backen Sie den Stollen für 30 Minuten im Backofen.

Tipp: Bestäuben Sie den Stollen nach dem Backen nach Belieben mit Traubenzucker.

LIMETTENEIS

4 Port. | 15 Min + Gefrierzeit | Leicht

Zutaten

100 ml Limettensaft
1 Pk. Vanillezucker
80 g Traubenzucker (Glukose)
1 unbehandelte Limette, davon die abgeriebene Schale
150 g Joghurt
200 ml Sahne

Nährwerte p. P.

295 kcal
31 g Kohlenhydrate
17 g Fett
3 g Eiweiß

1 Geben Sie Limettensaft, Vanillezucker, Traubenzucker und Limettenabrieb in einen kleinen Topf.

2 Erhitzen Sie die Mischung so lange, bis sich der Traubenzucker vollständig aufgelöst hat.

3 Füllen Sie den hergestellten Sirup um und lassen Sie ihn abkühlen.

4 Vermengen Sie Joghurt und Sirup miteinander.

5 Schlagen Sie die Sahne steif und heben Sie sie vorsichtig unter das Eis.

6 Verarbeiten Sie das Eis in einer Eismaschine weiter oder geben Sie es in das Gefrierfach, bis es vollständig gefroren ist.

KÄSEKUCHEN

1 Kuchen (ca. 12 Stk.)

80 Min.

Mittel

Zutaten

Für den Boden:

1 Ei
120 g Margarine
175 g Erythrit (Zuckerersatz)
100 g Dinkelmehl
1 TL Backpulver
50 g Haselnüsse, gemahlen

Für den Quark:

3 EL Traubenzucker (Glukose)
1 kg Magerquark
Abrieb von 1 Zitrone
2 Eier
300 ml Milch

Nährwerte p. P.

591 kcal
7 g Kohlenhydrate
7 g Fett
9 g Eiweiß

1 Heizen Sie den Backofen auf 180 Grad Ober-/Unterhitze vor.

2 Schlagen Sie alle angegebenen Zutaten für den Boden mit einem Handrührgerät auf.

3 Verteilen Sie den Teig auf dem Boden einer eingefetteten Springform.

4 Stechen Sie den Teig mehrmals mit einer Gabel ein.

5 Backen Sie den Teig für 10 Minuten im Backofen vor.

6 Lassen Sie ihn anschließend abkühlen. Fahren Sie in der Zwischenzeit mit dem Rezept fort.

7 Reduzieren Sie die Ofentemperatur auf 160 Grad.

8 Schlagen Sie alle Zutaten für die Quarkcreme für 2 Minuten mit einem Handrührgerät auf.

9 Verteilen Sie die Quarkcreme auf dem ausgekühlten Boden.

10 Backen Sie den Kuchen bei 160 Grad für 35 bis 40 Minuten im Backofen.

OFENSCHMARRN

4 Port.

35 Min.

Leicht

Zutaten

6 Eier
¼ TL Salz
220 g Dinkelmehl
250 ml Milch
1 EL Traubenzucker (Glukose)

Außerdem:
Traubenzucker zum Bestäuben

Nährwerte p. P.

340 kcal
9 g Kohlenhydrate
23 g Fett
15 g Eiweiß

1 Heizen Sie den Backofen auf 220 Grad Ober-/Unterhitze vor.

2 Trennen Sie die Eier und schlagen Sie das Eiweiß mit dem Salz zu festem Eischnee.

3 Rühren Sie aus Eigelb, Dinkelmehl, Milch und Traubenzucker einen Teig an.

4 Heben Sie den Eischnee vorsichtig unter.

5 Geben Sie den Teig auf ein tiefes, mit Backpapier belegtes, Backblech.

6 Backen Sie den Teig für 10 Minuten im Backofen.

7 Schneiden Sie ihn im Anschluss klein und bestäuben Sie ihn mit Traubenzucker.

Getränke

PAPAYA-SMOOTHIE

2 Port.

10 Min.

Leicht

Zutaten

200 g Papaya-Fruchtfleisch
1 EL Zitronensaft
100 g Joghurt, 3,5 % Fett
100 ml Wasser

Nährwerte p. P.

72 kcal
10 g Kohlenhydrate
2 g Fett
3 g Eiweiß

1 Entkernen Sie die Papaya und zerkleinern Sie das Fruchtfleisch grob.

2 Geben Sie alle Zutaten in einen Standmixer und pürieren Sie sie zu einem schaumigen Smoothie.

3 Servieren Sie ihn sofort und am besten kalt, beispielsweise mit Eiswürfeln.

LIMONADE

4 Port.

15 Min.

Leicht

Zutaten

70 g Rohrohrzucker
150 ml Wasser, still
750 ml Wasser, kohlensäurehaltig
5 Zitronen, unbehandelt
300 ml Clementinen-Saft
1 Zweig Minze
250 ml Molke

Nährwerte p. P.

192 kcal
42 g Kohlenhydrate
1 g Fett
1 g Eiweiß

1 Kochen Sie den Zucker in dem stillen Wasser auf, bis er sich vollständig aufgelöst hat.

2 Lassen Sie den Sirup abkühlen.

3 Pressen Sie die Zitronen aus.

4 Vermengen Sie alle angegebenen Zutaten in einer großen Karaffe.

5 Fügen Sie zum Abschluss den abgekühlten Sirup hinzu und rühren Sie ihn unter.

Tipp: Zitronen sind die einzigen Früchte, die keinerlei Fructose enthalten! Servieren Sie die Limonade am besten kalt.

LILA LIMONADE MIT BASILIKUM

4 Port.

5 Min. + 1 Std. Ruhezeit

Leicht

Zutaten

1 Bund lila Thai-Basilikum
5 EL Traubenzucker (Glukose)
Saft von 3 Zitronen
1 Msp. Anis
800 ml Wasser

Nährwerte p. P.

10 kcal
2 g Kohlenhydrate
0 g Fett
0 g Eiweiß

1 Waschen Sie das Basilikum und lassen Sie es abtropfen. Entfernen Sie die Stiele.

2 Vermengen Sie alle Zutaten in einer großen Karaffe.

3 Lassen Sie die Limonade für mindestens 1 Stunde im Kühlschrank ruhen.

4 Rühren Sie vor dem Servieren nach Belieben einige Eiswürfel unter.

SMOOTHIE MIT AKTIVKOHLE

1 Port.

5 Min.

Leicht

Zutaten

½ Avocado
1 EL Kakaonibs
1 EL Reissirup
1 Prise Salz
1 TL Aktivkohle-Granulat
200 ml Mandelmilch

Nährwerte p. P.

235 kcal
14 g Kohlenhydrate
20 g Fett
2 g Eiweiß

1 Entfernen Sie das Fruchtfleisch der Avocado von dem Kern.

2 Geben Sie alle Zutaten in einen Standmixer und pürieren Sie den Smoothie bis zur gewünschten Konsistenz.

3 Falls der Smoothie zu fest geworden ist, geben Sie etwas mehr Mandelmilch hinzu.

Tipp: Durch die Aktivkohle erhält das Getränk eine pechschwarze Farbe. Aktivkohle kann bei regelmäßigem Verzehr eine gesunde Darmflora unterstützen.

MELONEN-KEFIR-SMOOTHIE

1 Port. 5 Min. Leicht

Zutaten

ca. 100 g Melone nach Wahl
150 g Kefir
2 EL Reissirup
¼ TL Zimt
1 Prise Salz

Nährwerte p. P.

125 kcal
19 g Kohlenhydrate
2 g Fett
6 g Eiweiß

1 Schneiden Sie das Fruchtfleisch der Melone in grobe Stücke.

2 Geben Sie alle Zutaten in einen Standmixer.

3 Pürieren Sie sie so lange, bis die gewünschte Konsistenz entsteht.

Tipp: Kefir gehört zu den probiotischen Lebensmitteln, die die Darmflora positiv beeinflussen können. Somit kann er auch bei der Behandlung einer Fructoseintoleranz unterstützend eingesetzt werden.

GRÜNER KOKOS-SMOOTHIE

1 Port.

5 Min.

Leicht

Zutaten

1 Handvoll Spinat
10 Blätter frische Minze
1 Stück frischer Ingwer
Saft einer ½ Zitrone
150 ml Kokoswasser
50 ml Wasser
½ Avocado
½ Banane

Nährwerte p. P.

166 kcal
15 g Kohlenhydrate
9 g Fett
3 g Eiweiß

1 Waschen Sie Spinat, Minze und Ingwer gründlich ab.

2 Zerkleinern Sie das Fruchtfleisch der Avocado und die Banane grob.

3 Geben Sie alle Zutaten in einen Standmixer und pürieren Sie sie zu einem schaumigen Smoothie.

4 Servieren Sie ihn nach Belieben mit Eiswürfeln.

Soßen, Cremes & Co.

BASILIKUM-PESTO

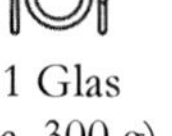

1 Glas (ca. 300 g) | 10 Min. | Leicht

Zutaten

1 großes Bund Basilikum
100 g Pinienkerne
125 ml Olivenöl
70 g (am Stück) Parmesan
2 Zehen Knoblauch

Nach Belieben:
Salz
Pfeffer

Nährwerte p. P.

131 kcal
0 g Kohlenhydrate
13 g Fett
3 g Eiweiß

1 Zupfen Sie die Basilikumblätter ab, waschen Sie diese und tupfen Sie sie trocken.

2 Rösten Sie die Pinienkerne für 2 Minuten ohne Zugabe von Fett in einer Pfanne an.

3 Schälen Sie den Knoblauch und zerkleinern Sie ihn grob.

4 Geben Sie Pinienkerne, Basilikum und Knoblauch in ein hohes Gefäß oder einen Mixer.

5 Pürieren Sie die Zutaten gründlich.

6 Geben Sie das Öl hinzu und reiben Sie den Parmesan über die Mischung.

7 Pürieren Sie die Mischung erneut, bis eine homogene Masse entsteht.

8 Schmecken Sie sie mit Salz und Pfeffer ab.

9 Füllen Sie das Pesto in ein sauberes Schraubglas oder servieren Sie es sofort zu Nudeln.

Tipp: Das Pesto ist im Kühlschrank 3 bis 4 Tage haltbar und kann sowohl warm als auch kalt serviert werden.

SCHOKO-NUSS-BROTAUFSTRICH

Ca. 300 g Aufstrich

35 Min.

Mittel

Zutaten

75 g Haselnüsse, geröstet, ohne Schale
1 EL Sonnenblumenöl
30 g Backkakao
100 g Sahne
50 g Traubenzucker (Glukose)

Nährwerte p. P.

29 kcal
2 g Kohlenhydrate
2 g Fett
0 g Eiweiß

1 Geben Sie die Haselnüsse und das Öl in einen Standmixer und pürieren Sie sie zu einer cremigen Paste. Wiederholen Sie diesen Vorgang, wenn notwendig, mehrmals. Die entstandene Paste sollte sehr cremig sein.

2 Geben Sie die Paste gemeinsam mit den übrigen Zutaten in einen Topf.

3 Erhitzen Sie die Zutaten langsam unter ständigem Rühren so lange, bis sich der Zucker vollständig aufgelöst hat.

4 Lassen Sie die Creme abkühlen und füllen Sie sie in ein Schraubglas um.

Tipp: Die Creme ist mindestens 14 Tage haltbar. Lagern Sie sie verschlossen im Kühlschrank.

KÜRBISMARMELADE

Ca. 4 gr. Gläser

45 Min.

Leicht

Zutaten

500 g Hokkaidokürbis
350 g Traubenzucker (Glukose)
1 TL Lebkuchengewürz
Saft von 1 Zitrone
10 g Apfelpektin (natürliches Geliermittel)

Nährwerte p. P.

63 kcal
15 g Kohlenhydrate
0 g Fett
0 g Eiweiß

1 Waschen Sie den Kürbis, entkernen Sie ihn und zerkleinern Sie das Fruchtfleisch grob.

2 Garen Sie das Fruchtfleisch in einem Dampfgarer oder einem Topf mit Siebeinsatz für 20 Minuten.

3 Pürieren Sie es anschließend in einem Standmixer.

4 Vermengen Sie das Kürbispüree im Anschluss mit den übrigen Zutaten in einem großen Topf.

5 Bringen Sie die Mischung langsam auf mittlerer Wärmezufuhr zum Kochen.

6 Garen Sie sie für 5 Minuten. Rühren Sie sie dabei ständig um.

7 Füllen Sie die fertige Marmelade heiß in Schraubgläser. Verschließen Sie diese kräftig und drehen Sie sie auf den Kopf. So entsteht ein Vakuum und die Marmelade ist mehrere Monate in den Gläsern haltbar.

FRUCTOSEFREIE GEMÜSEBRÜHE

2 Port.

40 Min.

Leicht

Zutaten

3 große Möhren
¼ Knolle Sellerie
½ Bund Petersilie
3 Lorbeerblätter
3 TL Salz
5 Pfefferkörner
2 Liter Wasser

Nährwerte p. P.

62 kcal
4 g Kohlenhydrate
4 g Fett
0 g Eiweiß

1 Schälen Sie Möhren und Sellerie und zerkleinern Sie das Gemüse grob.

2 Setzen Sie alle Zutaten in einem großen Topf zum Kochen auf.

3 Kochen Sie die Brühe für 40 Minuten bei geringer Wärmezufuhr.

4 Sieben Sie die Brühe anschließend durch ein feines Sieb und füllen Sie sie in ein Schraubglas um.

Tipp: Handelsübliche Brühe hat häufig einen hohen Anteil an Sorbit und ist damit unverträglich für Menschen mit einer Fructoseintoleranz. Diese selbst gemachte Brühe kann für jede Suppe oder auch andere Gerichte verwendet werden.

CRANBERRY-DIP

6 Port.

15 Min.

Leicht

Zutaten

200 g Cranberrys
150 ml Wasser
100 g Reissirup
1 Zimtstange
5 - 6 Gewürznelken
1 Sternanis

Nährwerte p. P.

104 kcal
35 g Kohlenhydrate
3 g Fett
2 g Eiweiß

1 Waschen Sie die Cranberrys gründlich ab.

2 Geben Sie sie mit allen übrigen Zutaten in einen großen Topf und verschließen Sie ihn.

3 Bringen Sie die süße Mischung darin kurz kräftig zum Kochen.

4 Reduzieren Sie die Wärmezufuhr auf die niedrigste Stufe und garen Sie den Dip für 10 Minuten.

5 Lassen Sie ihn im Anschluss abkühlen oder servieren Sie ihn lauwarm, beispielsweise zu Waffeln.

Tipp: Verschlossen kann der Dip mindestens 5 Tage im Kühlschrank gelagert werden.

FETA-CREME MIT KURKUMA

2 Port.

10 Min.

Leicht

Zutaten

200 g Feta
2 EL Schmand
3 EL Olivenöl
1 TL Kurkumapulver
10 Blätter frisches Basilikum, fein gehackt
1 Spritzer Limettensaft
1 Prise Pfeffer
1 Prise Salz

Nährwerte p. P.

104 kcal
39 g Kohlenhydrate
20 g Fett
9 g Eiweiß

1 Zerbröseln Sie den Feta in eine Schüssel.

2 Geben Sie die übrigen Zutaten hinzu und verrühren Sie sie so lange, bis eine homogene Masse entsteht.

3 Sollte die Creme zu fest sein, geben Sie etwas mehr Schmand hinzu.

Tipp: Die Creme ist verschlossen und im Kühlschrank gelagert mindestens 3 Tage haltbar.